いまどうしてる?

長州力

@rikichannel1203

00 tweet

まえがきにかえて

編集部より本書について

本書は元プロレスラー・長州力氏の公式Twitterアカウントの中から、傑作ツイートを厳選し、まとめたものです。２０１９年末に突如開設されて以来、つぶやく度に話題を呼んだこのアカウントですが、多くの方にとっては内容が斬新すぎて理解が追いつかないものが大半かと思います。そこで、本書では各ツイートに対して、本人がその当時のことを可能な限り思い出し、解説しています。

また、オリジナル企画として「ハズらせたい人のためのＳＮＳ講座」を３本収録しています。“ＳＮＳ講座”と銘打っているものの、内容のほとんどが単なる長州氏のＳＮＳに対する感想であり、役立つ情報かどうかはわかりません。

本書がみなさまの適当な暇つぶしになれば幸いです。

contents

ツイート解読のための主要登場人物紹介

長州力のツイートには、あまり聞きなれない
個人名が非常に多く出てくるため、
困惑するフォロワーも多い。
そこで､本書を読むハードルを少しでも下げるため、
長州力のアカウントに登場する
主要な人物を紹介する（五十音順）

栗ちゃん	長州力の担当美容師で原宿の美容室 Tycann オーナー。
慎太郎	長州力の現場マネージャーであり娘婿。カメラマンでもある。
武田君	長州力の友達。
谷ヤン	長州力のマネージャー。
正男	新日本プロレスの元レフェリー・タイガー服部こと服部正男氏。
山本	『KAMINOGE』編集長・井上崇宏のこと。なぜかある日突然“山本”と呼ばれるようになってしまった

⊙本書は長州力の公式 Twitter アカウント "@rikichannel1203" の内容にもとづいて制作したものです。
⊙本書に掲載されている、コメント数、いいね数、リツイート数は 2020 年3月28 日現在のものです。

新しいツイートがあります

What's happening?

長州力 @rikichannel1203
2019年12月25日

いまどうしてる？

67　3,369　8,689

01 tweet

POWER comments

これが一発目なのか。憶えちゃいないね。ただ言えることは「なぞり書き」には自律神経を整える効果があるんですよ。本当だぞ？　だから「いまどうしてる？」って書いた時、俺も自律神経が安定したというか、まるで母胎の中にいるような安心感を覚えたね。懐かしかったね。

とりあえずなぞってみたぞ

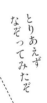

新しいツイートがあります

What's happening?

長州力 @rikichannel1203
2019年12月25日

☀

9　592　2,467

02 tweet

POWER comments

これは試し打ちだよね。はたしてＴｗｉｔｔｅｒって絵文字も使えるのかなっていう。俺は普段からＬＩＮＥを利用しているわけだけど、絵文字を入れないと不安になっちゃう。ブログもそう。どういうことかというと、時にはマネージャーとかをキツく叱らなきゃいけないこともあるんだよ。そういう時も最後に絵文字を入れることで、「こうして怒ってるけど、お前のことを殺したいほど憎いわけではないんですよ」というニュアンスを伝えられるよね。俺ね、海が好きなんですよ。だけど海の中には入らない。海辺でぼーっと日光浴をするだけ。それだけで何時間もいられるね。だから太陽のマークは大好きだね。エネルギッシュでさ。

新しいツイートがあります

What's happening?

長州力 @rikichannel1203
2019年12月25日

はい。またあした❗

6　492　2,377

03 tweet

POWER comments

これはそのまんまだろう。とくに裏読みさせるようなもんじゃない。「はい。またあした」っていう。この時はまだTwitterというものがどのような世界なのかわからないまま、半信半疑で書いていた気がするね。正直に言おうか？俺はとんでもない世界に足を踏み入れてしまったのか、それともそこは楽園なのか、と不安に包まれていたと思う。だから「俺、明日もまた生きていたらいいな」っていうさ。ちょっと俺の弱い部分が出た書き込みだよね。

新しいツイートがあります

What's happening?

長州力 @rikichannel1203
2019年12月26日

なんだ、長い文章は書けないのか？こいつは不便ですね！☀

122　1.3万　4.1万

04 tweet

POWER comments

Ｔｗｉｔｔｅｒって文字数に制限があるってことを知ったんだよ。１４０字。ブログなんて無制限にいくら書いてもいいのに、これは時代と逆行してるんじゃないかと思ったよな。それと「なぜ１４０字なんだ？」って。キリが悪いだろう。１００字でもない、１５０字でもない、２００字でもない。これはプロレスの３カウントとか反則は５秒まで許されるって問題と似てる気がする。なぜ２カウントじゃダメなのか、なぜ反則は５秒までＯＫなのか？ この問いに答えられる奴はいないよ。とにかく俺はＴｗｉｔｔｅｒに関しては２４０字までにしたほうがいいだろうなとは思う。あくまで勘だけど。

新しいツイートがあります

What's happening?

長州力 @rikichannel1203
2019年12月26日

え、、誰

21　2,052　5,906

05 tweet

POWER comments

知らない奴が意見してくるんだよ、Ｔｗｉｔｔｅｒって。「お前はいったい誰なんだ？」って。いくら肯定的な意見だろうが否定的な意見だろうが、そこにあるのは恐怖。おそらく意見してくるほうに恐怖心はないんだと思う。だからなおさら恐怖。お前はどこに住んでる？　男か？　女か？　健康なのか？　ちゃんと飯は食ってるのか？　充分な睡眠は取れてるのか？　何もわからない。俺も身構えちゃうよね。そもそも人のつぶやきをこっそり見る趣味が俺にはないから。

新しいツイートがあります

ツ

長州力 @rikichannel1203
2019年12月26日

一日の出来事を短く書き込むのは無理がありますね🔥❗ところで源ちゃんいますか❓

35　4,163　1万

What's happening?

06 tweet

POWER comments

くじけて、投げ出したくなった瞬間を捉えた俺の叫び。この頃はまだ１４０字という壁にぶち当たって悩んでた。そんな時に、なんだろう、ふと源ちゃん（天龍源一郎）の顔が浮かんだのかな？「こういう苦難に見舞われた時、源ちゃんならどうするかな？」って聞きたかった。プロレスの世界というものにおいて、たぶん源ちゃんは気持ち（ハート）が強いほうじゃん。会長（アントニオ猪木）も気持ちは強いけど、あの人は化け物だからね。ちょっと違う。日々忙しいだろうし。

新しいツイートがあります

What's happening?

長州力 @rikichannel1203
2019年12月27日

今年も一年早かったですね⁉この勢いだと次に瞬きをしたら出口に立っているんじゃないか❗☀

72　4,113　1.6万

07 tweet

POWER
comments

出口ってのは要するにこの世の出口、あの世への入り口ってこと。この歳になると一年経つのがとても早く感じるね。俺は孫が成人を迎えた頃、まちがいなく生きていない。ここから20年っていうのはあり得ないことだよ。孫の面倒は孫の両親が見ればいい。だけど楽しく見てほしい。そこで俺と家内が大変な思いをしなきゃいけないってことはない。俺たちは俺たちで楽しむわけだから。

新しいツイートがあります

What's happening?

長州力 @rikichannel1203
2019年12月27日

慎太郎いますか？連絡ください⁉

131　4,387　1.4万

08 tweet

POWER comments

慎太郎ってのは娘婿だよ。長女の旦那。いま俺の仕事についてきていろいろと社会勉強してる。もともとカメラマンなんだよ。性格は素直ではあるんだけど、LINEにしろ、電話にしろ、いつも返しが遅いのが気になるんだよ。何時間も既読しているんだぞ？　社会人としてどうなのかなって。これは俺がせっかちだからということではないと思うぞ。

新しいツイートがあります

What's happening?

長州力 @rikichannel1203
2019年12月27日

💯

55　1,289　5184

09 tweet

POWER comments

これは確か慎太郎が俺のLINEを見てすぐに電話をしてきたんだよ。「おおっ、お前100点だよ！　やればできるじゃないか」っていう。そんなんで満点をあげるなんて俺は娘婿にちょっと甘いのかなと思わないでもない。でもこの時は嬉しかったんだよ。あいつには厳しいことを言うことも多いけども、人はやっぱり褒める時は褒めてやらないと伸びない。そこの飴と鞭だよな。

新しいツイートがあります

長州力 @rikichannel1203
2019年12月27日

武田君❗正男は間違いなくニューヨークのトランプだよ❗♣武田君よいお年を🎴☀️

54　818　3,435

What's happening?

10 tweet

POWER comments

武田君は俺の友達。歳はだいぶ離れてるんだけど、気心が知れた関係だよ。正男ってのは半蔵のこと。わかりづらいか？　レフェリーの服部だよ。正男はとにかく稼いだから俺はトランプって呼んでる。いま読み返してみたら「ニューヨークのトランプ」っていうのはトランプ大統領本人じゃないかって気がするけどな、正男もニューヨークに住んでるんだよ。日本に来た時は恵比寿！　娘のマンションでいつもホームパーティーやってる。

新しいツイートがあります

What's happening?

長州力 @rikichannel1203
2019年12月27日

たくさんのセーブどうも有難う❗ドンドンいきましょ~☀

113　1,015　5,816

11 tweet

POWER comments

これ言っていいのかな？　じつは俺のＴｗｉｔｔｅｒってトランプ大統領のつぶやきしか見れない設定にしているんだよ。まあ、ほとんど英語だから何を言ってるのかさっぱりわからないけどな、日々いろんな国とギクシャクしてる感じはなんとなく伝わってくる。まあ、政治的なことはあまり言いたくないけど、日本だってギスギスしてるじゃん。いろんな問題を抱えてる。だけどもうリングを降りた俺なんかのことをこの国の多くの国民たちがセーブしてくれる。まあ、ありがとうとは言ったけども、「大丈夫か、この国は」とも思うね。ドンドンいこうなんて、みんながみんな俺と同じ方向に向かってるなんてことはありえないわけだから。

新しいツイートがあります

長州力 @rikichannel1203
2019年12月28日

忘年会☀️に馳せ参じます❗️ではみなさん、よいお年を🎴

79　530　4,542

What's happening?

12 tweet

POWER comments

俺ね、自分で言うのもなんだけど意外とちゃんとしてる。挨拶、お礼、お詫び、全部ちゃんとできる。やっぱり体育会系で育ってきたわけだから。「ご無沙汰してます！」「ありがとう！」「悪かった！」「よいお年を！」。口に出すと気持ちがいいよね。まあ、時期的に「よいお年を」というのはちょっとフライングだったかもしんない。でもな、どんな世界でも無事故無違反でトップに立った奴っていないわけだから。これは断言できる。

新しいツイートがあります

What's happening?

長州力 @rikichannel1203
2019年12月28日

今日は2019年~全て一から洗ってやるか⁉☀️

62　1,319　5,971

13 tweet

POWER comments

２０１９年は俺がリングを降りた年。でもマニアなら知ってることだが俺は前にも一度リングを降りてるんだよ。だから周囲には「引退」という言葉はもう使うなと伝えた。だから「ファイナル」とか「ラスト」とか。そこは徹底したつもりだよね。だけど俺があれほど口を酸っぱくして「使うな！」と言っていた「引退」という2文字を使った新聞とか週刊誌があったと慎太郎から聞いて、俺は心の底から怒りが湧いたね。だからとにかく「長州力」で検索しまくって、「引退」と報道した連中を見つけて片っ端から訴えてやろうと思って。だからこのつぶやきは警告というか脅しだよ。「お前ら一気にやるぞ！」っていうね。

新しいツイートがあります

What's happening?

長州力 @rikichannel1203
2019年12月28日

コンビニエンスのファミリーマートにあるナゲットなチキンや、コーヒーマシンは沖縄のファミリーマートから生まれたそうです⁉そう武田くんから聞きました☀️🎅

76　2,079　8,555

14 tweet

POWER comments

武田君が言ってたんだよ。ファミリーマートで人気のナゲットなチキンを最初に売ったり、その場でコーヒーを淹れられるシステムを作ったのは全部沖縄だって。俺、人から聞いたことをあたかも自分が持っていた知識かのように語るのが昔から嫌いなんですよ。だから「武田くんから聞きました」って書いてんじゃん。これを最後に入れておくかどうかで俺と武田君との距離感もだいぶ変わってくる。読んだ人も「ああ、武田君ってのはインテリジェンスなんだな」と思うわけだよ。win-win。

新しいツイートがあります

長州力 @rikichannel1203
2019年12月28日

家の近くにもコンビニエンスあるから、お前らは何を開発したんだー❗と聞いてみよう❗文字に制限のある書き込みはイライラしますね☀

138　3,445　1.4万

What's happening?

15 tweet

POWER comments

要するに沖縄のファミリーマートがいかに優秀かってことを知った俺は「いったい東京のファミリーマートは何をしてる?」と思って。東京って日本の首都なわけじゃん。「トーキョー・ジャパン」って言うくらいだから。ましてや残念ながら延期にはなったけど、本来であれば今年は東京オリンピックイヤー。「おもてなし」だなんて言葉もあったけど、はたして充分なおもてなしができるのかね? うかうかしてるとすぐに地方に抜かれちゃうよね。こんな高い家賃を払って生活しておきながら。

新しいツイートがあります

What's happening?

長州力 @rikichannel1203
2019年12月28日

栗ちゃん、少しおくれるかもわかんない‼先にいってうまくアゴまわしといてください❗すみませんね☀

152　2,345　9,304

16 tweet

POWER comments

おい、栗ちゃんについて詮索をしようとするなよ。まず「栗ちゃん」と呼ぶな。彼にもちゃんとした名前があるわけだから。これは飛ばしてくれ。これ以上、栗ちゃんについて聞くなら、もうこの仕事はなしだから。腰あげちゃうかもわかんない。堪忍してくれよ。

新しいツイートがあります

What's happening?

長州力 @rikichannel1203
2019年12月29日

素晴らしい冬晴れだなー☀気持ちがいい❗Tシャツだと冷えるな。

106　1,925　8,749

17 tweet

POWER comments

季語だよ。たしかに天候は晴れ。だけどあえて「冬晴れ」と書くことで、あとから読み返した時に「あっ、この時は冬だったんだな」って読者がわかるかなと思って。だけど冬なのにTシャツっていう。俺、あまり文章は得意なほうじゃないんだけど、こういうちょっとしたアクセントを盛り込むのは得意なんだよね。いたずら心というか。昔から人を脅かすのは好きだよ。俺の性格がよく表れているつぶやきかもわかんないね。

新しいツイートがあります

What's happening?

長州力 @rikichannel1203
2019年12月29日

武田くん、正男がまた宮古に行きたいと言ってたよ！！早く夏にならないかな？

81　621　4,257

18 tweet

POWER comments

これはまあ、武田君のお米（お金）で宮古島に遊びに行きたいなって。これを武田君が読んだのかどうかわからないし、なんのリアクションもないけどね。人におねだりをする時は照れちゃダメですよ。多くの人たちの前でみんなに聞こえるようにアピールすることで、うまくいくことのほうが多かったですよね。僕の場合は。

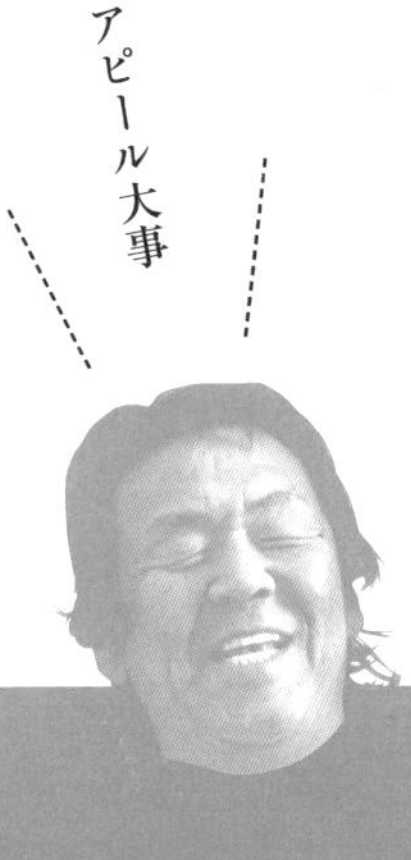

新しいツイートがあります

長州力 @rikichannel1203
2019年12月30日

わかりました。うまい具合にやってください❗

138　1,949　8,075

What's happening?

19 tweet

POWER comments

これはさすがに覚えていないな。何がわかって、何をうまい具合にやってほしかったのか。ただ、逆に言えばだぞ。「つぶやき」っていうのは本来こういうことじゃん。第三者には何のことだかわからないことをそっと口に出して言うのが、つぶやきだから。そう考えたらこれは大成功だよね。これを見たらザッカーバーグさんも「こういうためにツイッターを作ったんですよ！」って言うと思うよ。

（※マーク・ザッカーバーグはFacebookの創業者）

新しいツイートがあります

What's happening?

長州力 @rikichannel1203
2019年12月30日

ダウンタウンさん☀の24時間笑ってはいけないの番組に蝶野また出るのかな❓☀

130　2,265　1.1万

20 tweet

POWER comments

えっ、なんでこれをピックアップしたんだ？　これはまさにそのまんまじゃん。毎年大晦日に、蝶野（正洋）がバチーンってビンタやってるでしょ。「あれ、今年もやるのかな？」っていう。それだけ。俺、蝶野とか（武藤）敬司はだいぶ後輩の部類になると思うけど、あいつらと会話をしててしんどいと思ったことがないの。変に人を落とすようなことも言わないし。付き合っていて楽ですよね。チンタ（橋本真也）が元気だったらもっと楽しかったと思うよね。

新しいツイートがあります

What's happening?

長州力 @rikichannel1203
2019年12月30日

出たことないですね❗

（P44のツイートについて、ファンからの「長州さんは出ないの？」というツイートを引用して）

79　1,055　3,523

21 tweet

POWER comments

あとから家内に言われたんだけど、俺も出たことあるんだって。赤っ恥だよ。ダウンタウンの皆さんにも申し訳ないし。これは「引用ツイート」っていう機能なの？　やり方がわかんないのによく返したなって。俺、意外とタメ口をきかれるのとか気にならないんですよ。ただ、これだけは言える。俺はどんな相手だろうが見ず知らずの人や、初対面の人には必ず敬語を使う。それは年齢とか性別とか関係ないですよ。だからこれも敬語で返してるでしょ。

新しいツイートがあります

長州力 @rikichannel1203
2019年12月30日

知らない人でした。インターネットはちょっと怖いですね⁉

121　2,732　1.3万

What's happening?

22 tweet

POWER comments

これはさっきの「引用ツイート」ってやつ？　それをやったあとに率直に思ったこと。「あれ？　誰こいつ？」って。俺がスマホを持つようになってから何年経ったのか。いまだにインターネットっていうものに完全に信頼を寄せているってことはないんですよ。自分のことに関しても嘘の情報も多い。よくもここまで嘘を書けるなっていう。俺のつぶやきに反応したこの人も、もしかしたらそういう嘘の記事を書いてる人かもしれないと思った。俺から何かネガティブな言葉を引き出そうとしてきたのかもわかんない。それで「インターネットは怖い」と書くことで、「俺はお前のこと知ってるぞ！」っていう警告というか。まあ、知るわけないんですけどね。

新しいツイートがあります

What's happening?

長州力 @rikichannel1203
2019年12月31日

では🎍みなさんよいお年をお迎えください☀️❗☺️

190　1,636　1.1万

23 tweet

POWER
comments

そのまんま。

ツイッター開設は嵐の中で船出

ハズらせたい人のためのSNS講座①

あの長州力がツイッターを始めた――2019年末、ネット上に衝撃が走った。長年にわたり「革命戦士」として戦い続けた男が一体なぜ、このタイミングで公式SNSを始めようと思ったのか。また、現在に至るまで世間の注目を集め続けることについて、本人はどう感じているのだろうか。ツイッターのノリで書かれると編集作業が極めて困難となるため、インタビュー形式でお送りする。

――2019年12月にツイッターを始められて、そのつぶやきの面白さで当初から人気を博していますけども。

長州　人気？　そう言われても自分ではよくわからないですね。まあ、ツイッターは去年（2019年）リングを降りて、「さあ、これから何をやろう？」っていう時に「まずはこういうのはどう？」って家族に勧められて始めたという部分が大きいですね。

もう10年くらい前にマネージャーからは言われたことありましたけどね。その時には興味もなかったですね。

それとその頃、自分の偽物とかが現れてきてニュースとかにもなっちゃって面倒くさいなとも思い足が前に出ませんでしたね。それとマネージャーもそんなことあって「ツイッターは敵だ！」とか言い始めちゃって。バカでしょ？　まぁ、そんなこともあってツイッターとは無縁の世界で暮らしていましたね。

話が逸れてしまいましたけど、「つぶやく」っていうことにやっぱり抵抗はありましたよね。どうしてつぶやかなきゃいけないの？っていう。普段、生活をしていてつぶやくってことはあるけども、それって何かをアピールするためにするわけじゃないでしょ。それをSNSという場所でする意味っていうのがわからない。だけど、そうなったら前々からやっているブログの意味っていうのも問われてくるんだけど。

まあ、やってみて感じたことは「いい暇つぶしだな」って。勧めてくれた家族には感謝してますよ。

――「つぶやき」は「暇つぶし」。

長州　みんなそうなんじゃないですか？　まあ、トランプ大統領なんかは暇つぶしってわけじゃなくて、何か意図があってというか、意味のある発言をしているんだろうけど。英語だから何を言ってるのかわかんないけど、深刻な話をしているんじゃないかなと。

でも、そんなに面白いですか？　俺のツイッターっていうのは。

――人気ですね。「あの長州力がツイッターを始めた！」というだけですでに面白かったですし、やっぱり長州さんの言語感覚が独特なことが支持されている理由だと思います。

長州　でも揶揄するような反応も多いんじゃないですか？　「俺の何がわかってこんなことを言ってくるのか？」って思うようなこともあるけど。

——それは長州さんに限らず、有名人のツイートにはいつも起こりうることですね。一定数、ちょっとふざけた感じのリプライを送ってくる人はいると思います。

長州　ふうん。ブログにはそういうのはあまりないんですよね。で、ブログではいまツイッターで書いてるようなことを前々から書いていたのに、そこまでの反応はなかったですよ。だからリングが変わるとこうも反応が違うのかっていう部分で、戸惑った部分はありますよね。

——長州さんのブログを拝見していると、じつは以前から文章に絵文字を多用されたりしていますよね。

長州　うん。それはやっぱり何年前かな？　初めてスマホを手にしたことが転機だった。だからスマホを操り始めてからはブログももちろん自分で書いてますし。

ただ写真をメインに投稿するやつ？　なんでしたっけ？

——インスタグラムでしょうか？

長州　インスタ。それはまあ、僕のブログから文章と写真を拾って、スタッフの人が投稿をしているそうなんですけど。だから僕はインスタというのは見たことがない。なのでツイッターも僕のブログから拾って誰かがやってくれたらいいと思ってたんですけどね。どうも面倒くさがられる。

——「どうか、自分でやってください」と。

長州　だから家内から「これは世界中でみんながやっていることだから。マイナンバーみたいなものだから。アメリカの大統領だってやっているんですよ」と言われて、いろいろ見せてもらいながら開設をしてもらって。それが（２０１９年）12月の頭か中旬くらいだったですけど、なかなかつぶやけないんですよ。皆さんが思う長州力と、自分の文章というのはあまりにもイメージがかけ離れていますから。

――結果的にそのギャップが人気を博しているわけですけども。

長州　普段、家族とか友人たちとＬＩＮＥをやるじゃないですか。そこで絵文字の楽しさというものを覚えたんですよ。その絵文字を使うっていうことにやっぱり友人ですら最初は違和感を持ったみたいですし、あと僕は文章を書くとき、どうしても丁寧な感じになっちゃうんですよ。敬語というか。

　そういう絵文字や敬語みたいなものは身内が見るぶんにはいいですけど、世間に人たちに見せるっていうことにやっぱり抵抗がありましたよね。かといって、無理してキツイ口調にするっていうのも自分らしくないですから。

　だから「これはどうしたものか？」と思っていたんですけど、家族もマネージャーも人には勧めておいて、本人たちはツイッターをやっていないんですよ。じゃあ、この人たちの意見もアテにならないっていう。特にマネージャーなんか昔の一件がありますからツイッターと聞いただけでカタくなるような状況でしたから。

――長州さんもそれまでツイッターを覗いたことがないわけですよね？

長州　ないです。だから大げさかと思われるかもしれないですけど、嵐の中で船出だったですね。心境としては。

新しいツイートがあります

What's happening?

長州力 @rikichannel1203
2020年1月1日

明けましておめでとうございます!

337　1,774　1.5万

24 tweet

POWER comments

そのまんま。挨拶大事。

新しいツイートがあります

What's happening?

長州力 @rikichannel1203
2020年1月2日

山本❗ジーエム送るにもお前の住所なんかしらないですよ、、、⁉

180　2,940　1.1万

25 tweet

POWER comments

「ジーエム」ってなに？

よくわかんねぇ
横文字
使ってんじゃねぇぞ！

新しいツイートがあります

What's happening?

長州力 @rikichannel1203
2020年1月3日

6日でもいいけどジムに行くので夕方になります、どこでもいいか❗前の日に時間で連絡を入れます

210　1,127　6,789

26 tweet

POWER comments

これはまぁマネージャーへの伝言だろうな。「6日でもいいぞ」っていう。「ただし夕方だぞ」と。「場所はどこでもいいぞ」と。「前の日までに確定するぞ」と。いちいち聞くな。読めばわかることだろう。

新しいツイートがあります

長州力 @rikichannel1203
2020年1月3日

👂

181　1,449　6,066

What's happening?

27 tweet

POWER comments

俺、だいぶ視力のほうは怪しくなってきたんですけど、あいかわらず耳はいいんですよ。昔から地獄耳で。谷ヤンと慎太郎がさ、楽屋の入り口でこそこそと話をしていたんだよ。雰囲気とかあいつらの表情を見て、「ああ、俺に関するネガティブなことを話してるな」と瞬時に察知した。これは「お兄さんたち、聞こえてまっせ！」っていう警告。

新しいツイートがあります

What's happening?

長州力 @rikichannel1203
2020年1月4日

ばかたれー❗着いたら車を出して連絡を❗たのんまっせ☀

180　1,455　8,547

28 tweet

POWER comments

こういう汚い言葉を使ってるってことは、たぶん多くの人が読むことを想定していなかったよね。あなたツイッターに詳しい？　もしわかればでいいのでこれだけ消しといてもらえますか。

キレちゃいないよ

新しいツイートがあります

What's happening?

長州力 @rikichannel1203
2020年1月5日

さて今年はどんな1年になるのやら🎍⁉

91　866　6,513

29 tweet

POWER comments

２０２０年というのは本来なら東京オリンピックが開催される年だったけど、俺は開催が決まった時からちょっとネガティブな印象しか持っていないよね。あまり真面目なことを言いたくはないけど、どう考えても復興のほうが先だろうっていう。まあ、いろんな利権が蠢いてることは目に見えてる。インターネットも闇だけど、国家を動かしてる顔の見えない連中っていうのも闇だよな。

新しいツイートがあります

What's happening?

長州力 @rikichannel1203
2020年1月5日

ライガーお疲れさま

79　3,334　1.7万

30 tweet

POWER comments

ライガーっていう覆面を被ったプロレスラーがいるんですよ。彼が辞めたの。顔だけじゃなくて全身も隠して闘っていたんですけど、まあ暑かっただろうなと。

新しいツイートがあります

長州力 @rikichannel1203
2020年1月6日

武田くん❗敬司とかにハブ🐍を捕まえさせて泡盛の中にそれをぶん投げて10年漬けたものをファミリーマート☀で売ったら意外といけるんじゃないかな⁉

207　1万　3.6万

31 tweet

POWER comments

前に武田君から聞いていた件。ファミリーマートの心臓部は沖縄だって。それで思いついたアイデアだったんだけど、あとから谷ヤンに怒られたよ。「こういう斬新なアイデアはつぶやくんじゃなくて、企業に持って行きましょう」と。何でもかんでもお米（お金）に換えようとするからね。そういう意味では優秀なマネージャーなのかもな。

新しいツイートがあります

長州力 @rikichannel1203
2020年1月6日

蛇

184　3,461　1.2万

What's happening?

32 tweet

POWER comments

これはほら、だから敬司に向けてさ、「ほうら、さっそくハブが出てきたぞ。捕まえろ！」っていう。ちょっとしたゲーム感覚だよね。敬司がツイッターやってるのかどうかは知らないけど、あいつは運動神経抜群だから。

絵文字って便利だな

新しいツイートがあります

長州力 @rikichannel1203
2020年1月7日

昨日は正男に声かけようと思ったけど大田区に行ってたんだな☀山本が正男に会いたがってたよ‼

71　736　4,996

What's happening?

33 tweet

POWER comments

この日は正男のお膝元である恵比寿で仲間たちと飲んでて。「おっ、近くだから正男も呼ぶか」ってなったんだけど、大田区の体育館で新日本の興行をやっていたらしいんだよな。じゃあ「そっとしておこう」ってことになったんだけど、一応「こっちは誘いたかったんだぞ」という意思表示だけはしておかないと、あとから正男が何を言ってくるかわかんないからな。まあ、正男は俺よりも歳上なんだけど、いつからか呼び捨てになったよね。

新しいツイートがあります

What's happening?

長州力 @rikichannel1203
2020年1月7日

中西本当にお疲れ様！馳と二人でスカウトしたのが懐かしいです！練習も本当によくやってました！良く頑張りましたよ！お疲れ様でした！

84　2,772　1.5万

34 tweet

POWER comments

中西学っていうねプロレスラーがいて、彼が現役を引退することを表明したんです。初めて会った時のことを思い出したら懐かしいなって。ちょっと性格が真っ直ぐすぎたかもわかんないね。

新しいツイートがあります

What's happening?

長州力 @rikichannel1203
2020年1月9日

アイリッシュマンを観てたら眠れなくなりました❗明日は1時間前に電話ください❗3回鳴らしてくれたらいいです☀❗

186　2,443　1.1万

35 tweet

POWER comments

たまには不良っぽく夜更かしもするんですよ。でもどんなに
寝不足でも電話を3回コールしてくれたら起きるんです。
プロレスのスリーカウントとはまったく関係はないですね。

なかなか
すごい特技だろ?

新しいツイートがあります

What's happening?

長州力 @rikichannel1203
2020年1月9日

河本くん井上くんお久しぶり☀️また番組で一緒になれますかね❓今度は敬司やライガーだけでなく源ちゃんや蝶野とも行きたいですね⁉️

96　1,093　7,605

36 tweet

POWER comments

次長課長っていうコンビの芸人さんがいるんですよ。岡山出身で。俺のまわりにはなぜか岡山の人間が多くて、谷ヤンもそうだし、山本もそう。今はわかんないけど昔は岡山といえばヤカラが多いというイメージがあって、ちょっと構えちゃう。

新しいツイートがあります

長州力 @rikichannel1203
2020年1月10日

ほんまかいな❗それなら少し気持ちも楽だね

131　1,308　7,144

What's happening?

37 tweet

POWER comments

たぶん武田くんかな。武田くんって情緒不安定な部分があって、まあ、よく言えば感受性が豊かという。おそらく武田くんから何か吉報が舞い込んできたんだろうね。こうしてツイッターとかでもケアしてあげておかないと、またいつ武田くんの気持ちが落ちるかわかんないから。意外とケアしてますね、彼のことは。

新しいツイートがあります

長州力 @rikichannel1203
2020年1月11日

こら☀️山本❗取材の時間長いぞ❗☀️昔の写真使って小力とかに喋らせて、長州さんに聞きましたとかで、お前が適当に書いとけばいいだろ、、、⁉️

174　5,035　1.8万

What's happening?

38 tweet

POWER comments

俺の昔からの口癖だよね。取材で毎回毎回、いろんな奴が同じことを聞いてくる。「維新軍はどうしてあんなに統率がとれていたんですか?」「どうして長州さんは天下を取れたと思いますか?」って。知るか! どうせ同じことを聞いてくるなら、昔の俺の記事を引っ張り出してきて、それを見てお前が書いとけよと。もう俺は絶対に文句言わない、約束するからって。写真も昔のだぞ。最近のやつはあまり使わないでほしい。

俺のインタビューなんか
腐るほどあるだろ!!

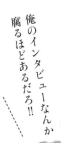

新しいツイートがあります

長州力 @rikichannel1203
2020年1月12日

正男❗ネグロ.カサス☀が新日本の仕事で日本に来てます❗

80　649　4,876

What's happening?

39 tweet

POWER comments

ネグロ・カサスっていうね、メキシコのプロレスラーがいるんですよ。これ言っていいのかな？「メキシコの長州力」と呼ばれてたみたいです。彼が日本に試合をしに来ていて。後日、久しぶりに一緒に飯を食いましたけど、あいかわらずメキシカンだったですね。

新しいツイートがあります

What's happening?

長州力 @rikichannel1203
2020年1月14日

高木豊さんのピヤノはまじですごいよ❗今度いついらっしゃるか山ちゃんに聞いておきますか❗😊

168　1,766　8,458

40 tweet

POWER comments

高木豊さんっていうね、元プロ野球選手がいるんですよ。俺と同じ山口県出身で。野球と同じくらいピアノが上手いっていう。俺ね、こう見えて昔は野球少年だったんだよ。当時の子供はみんなそうよ。それが中学から柔道を始めて高校からレスリングやって。今やこんな十円玉みたいな体型になっちゃった。

新しいツイートがあります

What's happening?

長州力 @rikichannel1203
2020年1月17日

兎に角❗時間が出来たら三人で会いますか❗どこか移動してロイヤルでもいいよ👂

134　1,002　6,565

41 tweet

POWER comments

まあ、あとの二人が誰なのかってことは言いたくないけど、片っぽとツーショットで会うことを避けたんだよね。「ひょっとしてお米（お金）を無心されるんじゃないか？」っていう警戒心が働いて。だから会うなら3人で。しかも酒を入れたくなかったからあえてファミレス（ロイヤルホスト）を指定して。結局、こっちがおごってもらったけどな。

新しいツイートがあります

What's happening?

長州力 @rikichannel1203
2020年1月17日

蝶野❗ユーチュバーやるなら俺を呼んでくれないか⁉️おまえの頭のカタチが変わるくらいめちゃくちゃにしてやりますよ☀️😊蝶野は元気だな☀️頑張って❗

213　1.6万　5.9万

42 tweet

POWER comments

蝶野は器用だよね。生き方がスマートっていうか頭いいじゃん。あいつと会う時は俺も構えないから。現役中とあいつと揉めたことはなかったかもわかんないね。まあ、お洒落でもあるけど、箸置きみたいな顔をしてるよね。

新しいツイートがあります

What's happening?

長州力 @rikichannel1203
2020年1月20日

ちぐまや家族👪が終わってからの飲み会は湯田の隠れ家や🍺です❗魚料理は最高だから調べて行ってみてください☀

68　645　4,656

43 tweet

POWER comments

これは俺の無償の愛ですよ。いつもお世話になっているお店の宣伝になればと思って。この日以降、とくにお客が増えたことはなかったと聞いて「二度とやるか！」と思ったよね。

興味があったら調べてみてくれ

新しいツイートがあります

What's happening?

長州力 @rikichannel1203
2020年1月20日

木藤先生！東京に着きました☀️東京も寒いです⛄昨日の隠れ家やではみんな飛びましたね！大丈夫でしたか⁉また来月楽しみにしてます☀️

86　1,125　6,315

44 tweet

POWER comments

ああ、木藤先生には触れないで。先生ではあるけど、一般の人だから。「隠れ家や」とか「また来月」とかをヒントにそっちで探ってもらえたらいいんじゃないですか。ただし、あんまり木藤先生のプライベートなとこまで踏み込むなよ？

新しいツイートがあります

長州力 @rikichannel1203
2020年1月21日

えっそれは気づかなかったですね⁉何処ですか！たぶん道場にいます

216　2,235　1.1万

What's happening?

45 tweet

POWER comments

何に気づかなかったのか、誰に対して言ったのか、知らん。でもこれはかなり慌ててるよね、俺。だから余計に詮索しようとするな。

新しいツイートがあります

What's happening?

長州力 @rikichannel1203
2020年1月21日

小島❗…僕のことも書いて頂けませんかだと⁉…何を？よし☀わかった❗

いっちゃってーどこにでもー👍

199　2,738　1.5万

46 tweet

POWER comments

小島聡っていうプロレスラーがいるんですよ。俺が道場で汗を流していたら、小島が寄ってきてツイッターのことをあれこれ聞いてくるの。「おまえはいったいどういう権限で俺にそういう話をしてくるの？」って。挙句、「僕のことにも触れてくれたら嬉しいです」と。バカが。コイツは試合中に「いっちゃうぞバカヤロー」って叫ぶのね。だから「いっちゃってーどこにでもー」って。アイツは傷つくかもわかんないけど、これは俺の本心だよ。

「旬」だと思ったら早朝でもアップしたい

ハズらせたい人のためのSNS講座②

あまりにも反響が大きいため、巷で議論となっている「長州力はどこまで狙ってツイートしているのか？」。本人曰く、身近な人にチェックしてもらうこともあるようだが、「旬」だと思ったら早朝だろうが深夜だろうが自らの判断でアップするという。

――長州さんがツイッターをどこまで理解というか、把握をされているのかとても気になるんですけども。

長州　把握？　どういう意味ですか？

――つまり、「どこまで狙ってやっているのかな」ということです。

長州　つぶやきを？　僕が狙ってやってるってことはないでしょうね。そんな余裕はないですよ。そりゃ普段は僕も冗談なんかを言うことはありますけど、そんな表立って言うようなことはないですから。「面白い人ですね」ということで評価されたいと思ったことないですし、狙うなんてことはこれからもないですよ。

――では、あくまで自然体ということですか。

長州　自分の自然体というのがどういう状態のことを言うのかがわかんないですね。こうしていま、いろんな質問をされていて答えている自分も自然体かどうかっていったら、わかりませんから。どうしても構えてしまっている部分もありますし。

　だから最近はバラエティ（番組）に呼ばれたりすることも多いですけど、自分が出演させてもらったアレ（オンエア）を観ることって一度もないですね。慣れないことをやるっていう部分でどうしても構えてる自分の姿を見たくないんですよ。でもまたそういう場所に呼ばれるということは「こないだウケたのかな？」って。

　それはツイッターでもそうです。つぶやいたら、つぶやきっぱなし。あとから読み返したりすることはないですよ。

――気恥ずかしさというか。

長州　まあ、そういうことかもわかんないですね。ただ、そう考えたらプロレスをやってる時だって、自分の試合をあとから映像で観たりもしなかったですから。家から一歩外に出たら、誰でも構えちゃっているんだと思いますよ。

――ツイートは最初からご自分であげられていたんですか？

長州　それは今でもまちまち。最初は俺が書いたものを家内に送ってあげてもらってたんですけど、沖縄に行ってる時かな?
　夜、暇をしている時に慎太郎にあげ方を教えてもらったから、そこからは自分でやってみたり。ただね、僕は字の間違いが多くて、しかもその間違いが自分じゃわからないんですよ。

——誤字脱字というやつですね。あと「〜」というのも長州さんのツイートで初めて存在を知りました。

長州　それをまわりから指摘されて、ある程度託すというか、間違いを直してからあげてもらったりしてるんですけど。ただ、旬ってあるじゃないですか。

——旬というのは?

長州　たとえば早朝とか、深夜とかに「これはいますぐあげたい」って時があって、でもまわりはみんな寝ていますから、そういう時は自分であげたりしてますよね。やっぱり、僕が直接あげたつぶやきは違和感があったりしますか?

——どのツイートが長州さんがご自身で投稿されたものかわかりませんので……。ただ、正直に言いますと、ちょっとツイートに統一感がないかなと思ったりしたことはあります。たとえば、絵文字が一つも使われていないツイートがあったりとか。

長州　ああ、それは僕が最近機種変更をしたからですね。そうしたらお気に入りの絵文字が出てこなくなったんですよね。これはショックですよね。だから慎太郎なんかから「絵文字がないと、力さんっぽくないと思います」と言われるんですけど、やっぱり旬を逃したくないから自分であげちゃうっていう。

新しいツイートがあります

What's happening?

長州力 @rikichannel1203
2020年1月23日

栗ちゃん予約ちゃんと入ってますかね❓

242　1,308　9,928

47 tweet

POWER
comments

これは俺がいつも行ってる美容室の予約の確認。栗ちゃんってのは俺の担当だよね。俺ね、こう見えて美容室に行くスパンは短いですよ。襟足がちょっとでも伸びると煩わしくなっちゃう。おっと、これ以上、栗ちゃんのことを聞こうとするなよ。栗ちゃんは一般人なんだから。ググるなよ?

新しいツイートがあります

What's happening?

長州力 @rikichannel1203
2020年1月24日

なんだかセーブが突然増えてますね☀️気をつけないとダメですね❗

341　2,633　1.3万

48 tweet

POWER comments

いや、セーブが一気に増える時ってわかってるんですよ。ネットニュースっていうやつでしょ？　あれで記事にされると訪問者が多くなってセーブも増えるっていう。そう、家内から聞きましたね。まあ、俺は数で一喜一憂することもないけど、谷ヤンとか慎太郎は暇だから仕事もしないでよくチェックしてるみたいだね。うちの家内はね、資格マニアっていうんですか。ありとあらゆる資格を持っていますよ。だからどっちかというとマネージャーよりも家内の言うことを信用していますね。谷ヤンとかは自動車の普通免許くらいしか持っていないですから。手懐けるにはちょうどいいですけどね。

新しいツイートがあります

What's happening?

長州力 @rikichannel1203
2020年1月26日

明日は天気どうなるかな？服はなんでもいいですか❓海に入れたらいいですがアンダーは一応入れておきますね❗️

210　1,683　1.1万

49 tweet

POWER comments

これね、仕事で沖縄に行く前日です。翌日は初日から一日中予定を入れられていて、これは「海に行きたい」と表明しておくことで、「あなたたちの立てたスケジュール通りに動くかどうかわかんないですよ」という警告ですよね。仕事というものは極力事前に話し合いをしてお互いに気持ちよくやりたいという気持ちがありますからね。で、翌日は確か海に行きましたね。

新しいツイートがあります

What's happening?

長州力 @rikichannel1203
2020年1月28日

朝から肉を食べに行くだと〰マジでっか❗

177　1,858　1.4万

50 tweet

POWER comments

これは沖縄2日目ですね。朝というかランチでステーキ屋さんに行くという予定が入っていたので、「いくらなんでもハードすぎないか？」という警告です。まあ、結局は行くんですけども。昼からステーキだなんてとんでもないことを言うなと思ったんですけど、最終的に700g平らげました。

新しいツイートがあります

What's happening?

長州力 @rikichannel1203
2020年1月29日

慎太郎…お前たちハブをなめるなよ❗うたれたら自己責任だからな俺は運ばないよ❗
山本、谷やんお前たちが先に歩けよ…🐍

229　2,265　1.3万

51 tweet

POWER comments

これも沖縄ロケシリーズ。「俺がハブを見たい」と言ったらマネージャーか制作のスタッフさんたちかわかんないけど、俺の言葉を額面通りに受け取っちゃって急きょその予定を入れちゃったという。馬鹿じゃないかと思って。あいつらハブの怖さを舐めてるんですよね。だからこれはその警告です。

新しいツイートがあります

長州力 @rikichannel1203
2020年1月30日

アンドレ❗がもし今も元気だったら、間違いなくツイッターやってますよ

320　3,315　1.9万

What's happening?

52 tweet

POWER comments

次長課長の河本くんがアンドレ・ザ・ジャイアントの大ファンだったんだって。やっぱり小柄な人は身体の大きな人間に憧れのような気持ちがあるんでしょうね。でも俺ね、沖縄のロケでアンドレよりもでかいハブの標本を見たんですよ。それを見ながら「アンドレがもし今も元気だったら、間違いなくツイッターやってるだろうな」って思ったたっていう。それだけですね。

新しいツイートがあります

長州力 @rikichannel1203
2020年2月1日

上手く行ってると思ったらつまずきそうになるね…武田君今夜は久しぶりに会えて飯を食べながら飲めて…
体だけは家族のためにきおつけて…無理をしないで少し止まれば😊

98　871　9,449

What's happening?

53 tweet

POWER comments

この日、六本木だったかな？　武田くんと久しぶりに飲んだんだよ。かなり深い話もしたね。武田くんは俺よりもだいぶ歳下なんだけど、いつもね、うまくいってると思ったらすぐにつまずきそうになるの。うちと一緒で子供が三人いるんですよ。だから身体に気をつけて、あまり根を詰めて働かないほうがいいよって。まあ、何を言ったって働く人っていうのは働くんですけどね。逆に働かない人間っていうのは、何を言っても絶対に働かない。

無理は禁物

新しいツイートがあります

What's happening?

長州力 @rikichannel1203
2020年2月10日

沖縄から帰宅して我が家では私の食事が毎日朝からスパムが出てきます家内も少し怒り気味で私が沢山スパムを買いすぎた為に怒り心頭ですね❗もう勘弁してほしいね限度って有るだろう❗スパム好きな俺のせいかよ❗いい加減にしろよな❗

つぶやきました…

184　2,957　1.7万

54 tweet

POWER comments

沖縄のお土産で、大好きなスパムの缶をたくさん買って帰ったんですよ。そんな一個４００円もしないくらいなのに「同じものをたくさん買ってきて！」って家内に怒られて。本当は何が欲しかったんでしょうね？　沖縄といえばスパムだろうに、何をそこまでと思ったんだけど、近所のスーパーにも大量に置いてあるからって。まあ、俺が全部食べましたから文句を言われる筋合いもないんですけど、当分スパムはいいですね。しばらく視界に入れたくない。

新しいツイートがあります

長州力 @rikichannel1203
2020年2月10日

オッオー⁉娘が二人が家内と上がってきました❗
パパ〜❗Twitter書いたでしょうースパムをくわえながらスパかんを投げつけてきました❗やべーぞ…😊

すっげー顔をしてるな😊
まるで威嚇をしているハブか〜俺を撃つんじゃねーぞ😊
朝から呟くとは⁉　もう…書きません…？ハブ〜

220　5,505　2.4万

What's happening?

55 tweet

POWER
comments

これは、さっきのつぶやきを読んだ家内と娘に詰められた時のことを書いてますね。あまりの剣幕にさすがに俺も「死」を意識したというか……。よく刑事ドラマとかであるじゃん。「ダイイングメッセージ」っていう。「もし、自分が死んだら犯人はこの人たちですよ」という暗号めいたやつね。もし俺が死んだら、それはこの人たちにスパムの缶を投げつけられたからですよっていう。だから「もう書きません」っていうのは「もう書けません」と置き換えてもいい。まあ、死ななくてよかったですけど。

新しいツイートがあります

What's happening?

長州力 @rikichannel1203
2020年2月13日

確かに少しだけ私が悪かったなと思っています❗が〜
俺が好きで買ってきたんだろーが…
誰に迷惑をかけたんだー言ってみろよーその俺を撃とうと…どういうつもりだ…しかしイヤに静かだな…
間違いなく見張ってるな❗

ハブ〜咳きました

159　1,786　1.2万

56 tweet

POWER comments

まだスパムの話題をしてるんですか。
我ながらしつこいですね。

いい加減にしろ
コノヤロー!!

新しいツイートがあります

What's happening?

長州力 @rikichannel1203
2020年2月15日

明日は早いぞ❗誰でもいいから三回鳴らすように❗遅れたら間違いなくサンタマリアになるぞ…頼むぞ❗

219　2,131　1.1万

57 tweet

POWER comments

仕事が朝早い時、マネージャーからいつも電話を三回鳴らしてもらって起きることにしてるんだけど、この時も念のためにグループLINEで伝えたんだよね。それがいつまで経っても既読にならない。「大丈夫かよ」って。それでツイッターで「とにかく誰でもいいから」と。もし、起きられなくて仕事に行けなかったらサンタマリアじゃん。サンタ・マリア・デル・フィオーレ大聖堂の「天国の門」のことね。

新しいツイートがあります

What's happening?

長州力 @rikichannel1203
2020年2月18日

お、俺の精神年齢は16歳⁉☀☀

184　4,031　2万

58 tweet

POWER comments

これね、人と飯食ってる時に「俺の精神年齢は17とか18で止まってるから」って自分で言ったんですよ。そうしたら相手の人間が「そうですね。長州さんは16歳くらいかもわかんないですね」と言ってきて。俺は17とか18っていう認識だったんだけど、16歳と言われたことにショックを受けてね。この1歳の差って大きいと思わない？　高校1年と3年とじゃ、天と地くらい身体の発達も含めて違うから。「あ、この人は俺のことをそんなに下に見てるのか」とショックを受けたよ。

新しいツイートがあります

What's happening?

長州力 @rikichannel1203
2020年2月19日

最後の…スパムを食ったー？
誰が〰嘘‼ハッピ〰🐍‼

128　1,575　9,447

59 tweet

POWER comments

俺が楽しみに取っていた最後のスパムがどっかに消えたんだよ。まあ、そんなもんは家族の誰かが食ったんだろうからいいんだろうけど、聞いたら、さっき慎太郎が遊びに来て食べやがったと。あまりこういうことは言いたくないけど、いくら俺の娘の旦那とはいえ、やっぱりそこを突き詰めたら赤の他人じゃん。赤の他人という言葉が突き放すように聞こえるんならさ、よそ様の子じゃん。どうしてお前が俺のスパムを食う資格があるんだっていう。

新しいツイートがあります

What's happening?

長州力 @rikichannel1203
2020年2月21日

ところで…ブログとTwitterの違いがわからなくなっている自分がいますね⁉もうやめちゃうかもわかんない‼😥

1,050　4,211　2.8万

POWER
comments

病んでるな。

新しいツイートがあります

長州力 @rikichannel1203
2020年2月22日

Flowerの人たちに聞きたいんだけど………‼
人はどこからやってきて、なぜつぶやくのかな⁉

948　2.8万　8.4万

What's happening?

61 tweet

POWER comments

これは多くの反応がありましたから、よく覚えていますよ。フォロワーのことを英語で書いてるのがちょっとハイカラじゃん。いま若者たちの間で流行っているラップっていうのかヒップホップっていうのか、そういうことを糧にして生きている彼らも、日本語と英語を巧妙に織り交ぜて歌ってますよね。まあ、これは本当に偶然なんだけど、そこがたくさんの共感を得たのかなと思います。

花の絵文字を送ってきた奴は何なんだ？

新しいツイートがあります

What's happening?

長州力 @rikichannel1203
2020年2月22日

中西お疲れさま🙇

本当によく頑張りましたよ😌

まずは体の治療をして第二の人生頑張って。

ゆっくり飯でも食べよう☀️
払いはもちろんお前だぞ☀️

払いはお前だぞ☺️

267　4,951　2.7万

62 tweet

POWER comments

中西学っていうねプロレスラーがいて、彼が現役引退をしたんです。レスリングでオリンピックにも行った奴で、俺が馳浩と一緒に新日本プロレスにスカウトしたんですよ。素材はピカイチ、だけど性格の優しい男でね、その優しさが最後まで、なんていうのかな、天下を取れなかった要因というのはあるかもわかんないね。でもがんばりましたよね。ゆっくり休んで、飯でもおごってください。

新しいツイートがあります

長州力 @rikichannel1203
2020年2月24日

何か問題が起きたのか❗祝日に
㊗🎈

156　1,146　9,277

What's happening?

63 tweet

POWER comments

グループLINEに谷ヤンから「困ったことが起きました」と来たんですよ。祝日の朝にですよ？　これは余程のことがあったんだろうなと思って「いったいどうしたんだ⁉」と返したんだけど、いつまで経っても既読にならない。だからツイッターにも書き込んでみて。結局、まあ谷ヤンの家庭の問題というか、ちょっとナイーブな話だったので、これ以上は勘弁してください。

新しいツイートがあります

What's happening?

長州力 @rikichannel1203
2020年2月27日

もうYouTubeで見ました☀吉幾三さんが出演された海外のオーディション番組‼…これは本当に凄いですね⤴いいものは言語の壁関係なく跨ぎますね⁉実は去年からはまってます‼

89　773　6,846

64 tweet

POWER comments

俺、意外とYouTubeを観ることが多いんだけど、それは単なる暇つぶしであって同じものを何回も観るというものではないじゃん。だけどひとつだけ何回も繰り返して観るやつがあって、吉幾三がアメリカの有名なオーディション番組にトライしたやつ。すっごいんだよ。吉幾三の歌にアメリカの審査員もお客もみんな泣いてるの。それで最後はスタンディングオベーション！ 日本語で歌ってるのにだよ？ 俺はディズニーランドに行っても、いつもアトラクションは一個だけなの。「イッツ・ア・スモールワールド」。なんか共通点あると思わないか？

新しいツイートがあります

長州力 @rikichannel1203
2020年3月4日

間違えたのか変なボタンを押してしまいました。さっきの人ごめんなさいね🙇‍♀️

130　724　8,415

What's happening?

65 tweet

POWER comments

おそらく誰かの書き込みをリツイートしちゃったんですね。要するに吊るし上げをしてしまったという……。どんな書き込みだったか覚えていませんし、リツイートのやり方もわからないのでどこでどうこうなってしまったのか……。谷ヤンが血相を変えて電話をしてきてね。その節は本当にすみませんでした。もし、これを読んで「これ、自分のことだ」と思った方はご連絡ください。直接目を見て謝罪したいというくらいの気持ちがありますね。

新しいツイートがあります

長州力 @rikichannel1203
2020年3月7日

☀の絵文字ってやつはいいな〜❗このご時世というやつですか❓☀見てるだけで元気になります💪なんで使わないんだ⁉☀

293　1.6万　6.7万

What's happening?

66 tweet

POWER comments

俺は意外と早起きなんだけど、起きたらいつも外がまだ暗いんだよね。「ああ、早く太陽のやつ出てこねえかな」って。それでテレビをつけて天気予報で「今日は晴れです」とかやってると、「おっ、あいつそろそろ出てくるな」と。天気のいい日は俺の家から富士山が見えるんですよ。まあ、これは個人情報だから書くかどうかはお任せしますが。そういうこともあってね、俺は太陽が大好き。

新しいツイートがあります

What's happening?

長州力 @rikichannel1203
2020年3月12日

大変申し訳ありませんでした…
皆さんはいままでどうり呟いて
下さいね❗

長州力☀

223　1,344　1.9万

67 tweet

POWER comments

まあ、俺がなんでこうして謝罪をする羽目になったかというと、孫のポコチンが写ってる画像をあげたんですよ。そうしたら谷ヤンが血相を変えて電話をしてきて「今のご時世、あれは駄目です！　すぐに消しますからね！」と言われて。まあ、この謝罪は誰に言われたわけでもなく俺のアドリブなんだけど、1歳にもなっていない赤子のポコチンを出して何が問題あるんだってちょっと頭にきたよね。それで俺の赤ん坊の時の写真を引っ張り出してきて、ポコチンにモザイクを入れてあげてやろうと思ったんだよ。「これならどうだ！」って。だけど写真が見つからなくて断念したんですよ。

新しいツイートがあります

What's happening?

長州力 @rikichannel1203
2020年3月12日

少しづつですが親切な人達に教えてもらいながらTwitterの機能を勉強してます☀️
まずはハッシュドタグ😊

井長州力

3,950　21.3万　59.6万

68 tweet

POWER comments

これね、なんでそこまで反応があるのかわからなかったんだよ。それで家内に聞いてみても「なんででしょうね?」と。「少しづつ」という言葉に「何を悠長な」と思ったのか、はたまた「親切な人達」という部分に「身近にそんな人がいるわけない」と考えたのか。それとも俺が勉強するっていうイメージがなかったからなのかっていう。ツイッターって難しいな、もっと機能を勉強しなきゃと思ったよね。

新しいツイートがあります

What's happening?

長州力 @rikichannel1203
2020年3月13日

おい、、ハッシュのこと嘘教え
やがったな⁉ばかたれがー‼
山本よ、、、‼

#長州力

1,127　3.5万　16.5万

69 tweet

POWER comments

要するに「ハッシュドタグ」じゃなくて「ハッシュタグ」だったという……。ただ、人の間違いをこうして吊るし上げる世の中、これこそがインターネットの闇ですよね。それは言い換えれば山本の心の闇でもある。山本もいい歳なんだけどね、やっていいことと悪いことの分別がついていないんだろうな。俺はあえてインターネットを通じて、人の道徳心というものを教えられる場が作れたらなと思いますね。誰か親切な人がそういうアプリを開発してくれたら。うん。

新しいツイートがあります

What's happening?

長州力 @rikichannel1203
2020年3月15日

ああ〜ホッとしますね…今日は山口での仕事…Twitterがハズってますね…！なんで…⁉えっ！

ここでもその話なの〜

もう堪忍して〜Give up！

#長州力

404　3,559　2.6万

70 tweet

POWER comments

俺、「ハズる」って言葉を最初はネガティブなものと勘違いしていたんですよね。だから谷ヤンとかが「今日もハズってますね」といつも言ってくるから、こいつはよくも俺にそんなことを言うな、いったいどんな悪口を書かれているのかと思っていたんだけど、こっちが勝手に「ディスる」という言葉と勘違いしていたという。まあ、新しい日本語がたくさん生まれて困惑させられっぱなしですわ。

プロレスだけにしがみつきたくない

ハズらせたい人のためのSNS講座③

ツイートし続けることについて「苦しい」と語る長州だが、それでもツイッターをやめない理由は、プロレスと距離を置きたいからだという。その理由を聞いた。

——長州さん、ツイッターは楽しめていますか?

長州　正直、苦しいですね。

——苦しいと言いますと?

長州　やっぱりどうしても構えてしまうというしんどさ、あとは継続性ですよね。一度始めたらずっとやらなきゃいけないっていう。ちょっとでも、1日とか2日あけちゃうと病気にでもかかったんじゃないか、死んだんじゃないかっていう(笑)。

　そういう構えながら続けていくっていう苦しさはありますよね。「みんな苦しみながらツイッターをやってるんだな」っていう。これはやった人間にしかわからないと思いますよ。

──一般の方にとっては気分転換とか気晴らしという意味もあると思います。

長州　ああ、そうでしょうね。匿名でやることの気軽さ。それと他人のことを揶揄しやすいっていう。

ただ、前からそうですけど自分の目の前でツイートしている人って見たことがないじゃないですか？　ツイッターを覗いている人はいますけど。電車の中でやってたりするんですか？

──電車の中でツイッターを見ている人はいますが、たしかにツイートしている人はあまり見たことがないかもしれません。

長州　ねえ。そういうのはちょっと怖いなと思いますね。ニュースだとSNSでの誹謗中傷やいじめとかで自殺をしたという人もいる。普段からそういう誹謗中傷をしたりしている人間が、僕のツイートを読んでいる可能性もあるわけじゃないですか。

そういうのはなんていうか、「そういう人に楽しんでもらったり、笑ってもらったりしてほしくないな」っていう気持ちがありますね。僕、頭が固いですかね？

──いえ、おっしゃっている意味はわかります。

長州　そうじゃなくて、どっちかと言うといじめられている側の人たち、どうも社会とうまく折り合いがつかなくて苦しんでいる人たちに見てもらって楽しんでもらいたいですよね。

だから、さっきも言った気軽に揶揄してくるような人たちっていうのは、どっちかというと強い側の人間じゃないのかな？　それか普段は弱い立場にいる人たちが憂さ晴らし的に揶揄してくるのか。

――どっちも可能性はあると思います。

長州　そういう顔の見えないしんどさっていうのもありますね。ツイッターはオープンな場所ですから。だから今はずっとインターネットに張り付いているような人たちの気持ちも、前よりもわかるようになったかもしれないですね。心の拠り所というか。

だからどんなに反応が多くても、怖い部分はずっとありますよね。果たして、こんな場所でいつまでつぶやくのかっていう。

――ＹｏｕＴｕｂｅも始められましたよね。

長州　ああ。ＹｏｕＴｕｂｅのほうはもともと僕もよく観ていたほうで、あれは面白いですよね。演歌とか釣りとか、何も考えずにボケーっとしていたい時なんかいいですよ。ＹｏｕＴｕｂｅに関しては「もし、自分がやったとしたらどうかな？」っていう部分はありましたね。

ただ、それもツイッターと同じで手探りというか。まあ、あがったものを自分で観ることはないかもわかんないですね。

――ではツイッターよりもＹｏｕＴｕｂｅのほうが長州さん自身が楽しめそうな予感があると。

長州　いやあ、でもアレですね。やっぱり何かしらの不安は抱えてるんですよ。それがなんの不安なのか、まだ自分でもわからないんですよ。まあ、一気にいろんなことをやるようになったから、そういうところから来る不安なんでしょうね。

――誰でもやったことがないことをやる時は、慣れるまで緊張とか疲労感がありますからね。

長州　それじゃ「なんでやるの?」ってことになるんでしょうけど、僕の場合はやっぱり「ちょっとプロレスからは距離を置きたい」という気持ちがあるんですかね。

——プロレスラーとしての自分を一度忘れたいということですか?

長州　その色は絶対に消せないでしょうし、それがあるからこその今の自分という部分もあるのはわかっているし、それはありがたいですよ。ただ、いつまでもそういう場所にしがみつきたいとは思わないですね。自分でそう思っていないと、いつまで経っても変わらないじゃないですか。でもツイッターを見て喜んでくれている人たちも、やっぱりプロレスファンが多いんだろうなと思いますし。現役の時とのギャップを楽しんでいますよね。逆に言えばいちばん僕のツイッターを楽しんでいないのは家族でしょうね。普段の姿とのギャップがないから(笑)。

——ああ、たしかにそうでしょうね。

長州　だからたまにツイッターでも家族のことを描写することもあるけど、あれを見て「盛ってるだろ」と思われるかもしれないですけど、我が家はあのまんまですよ。みんな僕のことなんて無視しやがりますからね。その感じをそのまんまつぶやいたら怒られるし。

あっ、ひょっとしたら僕のほうこそ、憂さ晴らしでツイッターをやってるのかもしれないですね(笑)。

——あははは。

長州　だからこれからもつぶやきながら、孫に期待をするって感じでしょうね。

Profile

長州力

@rikichannel1203

1951年12月3日　山口県生まれ。
専修大学時代にレスリングで活躍し、1972年ミュンヘンオリンピックに出場。1974年8月8日、アントニオ猪木率いる新日本プロレスにてデビュー。デビュー当時は本名の「吉田光雄」であったがのちにファン公募で「長州力」に改名。1982年から始まった藤波辰巳（現・辰爾）との抗争は「名勝負数え歌」と称され史上空前のプロレスブームを巻き起こした。2019年6月26日、東京・後楽園ホールにて引退。

いまどうしてる？

著者　**長州力**

2020年5月20日　初版発行

装丁・本文デザイン　森田 直＋積田野麦（FROG KING STUDIO）
写真　池野慎太郎
校正　東京出版サービスセンター
企画協力　株式会社ロストワンズ／株式会社リキプロ
編集　大井隆義（ワニブックス）

発行者　横内正昭
編集人　内田克弥
発行所　株式会社ワニブックス
〒150-8482
東京都渋谷区恵比寿4-4-9えびす大黒ビル
電話　03-5449-2711（代表）　03-5449-2734（編集部）
ワニブックスHP　http://www.wani.co.jp/
WANI BOOKOUT　http://www.wanibookout.com/
WANI BOOKS NewsCrunch　https://wanibooks-newscrunch.com/

印刷所　大日本印刷株式会社
DTP　株式会社三協美術
製本所　ナショナル製本

定価はカバーに表示してあります。

　ISBN 978-4-8470-9922-9